AF235840

Freiburg lieben lernen

Der perfekte Reiseführer
für einen unvergesslichen
Aufenthalt in Freiburg

inkl. Insider-Tipps und Tipps zum Geldsparen

Michael Hürth

✈ INHALT

Das erwartet Sie in diesem Buch

In diesem Buch wird Ihnen die schöne Stadt Freiburg im Breisgau vorgestellt und Ihnen ein Städtetrip somit fast unumgänglich gemacht. Freiburg ist die Stadt im Süden von Deutschland mit den meisten verzeichneten Sonnenstunden und hat viele interessante Fakten, die Ihnen hier nähergebracht werden und Sie neugierig darauf machen, selbst durch die kleinen Gassen zu schlendern und Freiburg auf eigene Faust zu erkunden.

Außerdem wird Ihnen die Geschichte der im Südschwarzwald gelegenen Stadt nähergebracht und einige wissenswerte Details, die für Sie wahrscheinlich bis jetzt im Verborgenen waren, ans Licht gebracht. Sie werden etwas über das Stadtleben und die Bewohner der Stadt erfahren und welche Besonderheiten diese Stadt so einmalig und einzigartig machen.

Mit den Tipps aus diesem Buch werden Ihnen keine wichtigen und sehenswerten Attraktionen verborgen bleiben und Sie erfahren außerdem Spartipps, die den Geldbeutel schonen werden. Sie erfahren, wie viel Geld Sie grob für einen Trip einplanen sollten und was die Sehenswürdigkeiten und Attraktionen kosten bzw. welche kostenlos sind. Außerdem gibt es Tipps ganz auf Sie zu geschnitten, egal, ob Sie allein oder mit Ihrer Familie reisen, denn auch für Kinder bietet Freiburg viele Erlebnisse, die in den kleinen Köpfen sicher eine Weile unvergessen bleiben. Welche Übernachtungsmöglichkeit am besten zu Ihnen passt und welche am preiswertesten ist bzw. welches das teuerste Hotel ist, erfahren Sie ebenfalls.

Mit leerem Magen werden Sie kaum die Stadt verlassen wollen, deshalb finden Sie viele Restaurants mit verschiedenen Spezialitäten, die in Freiburg heimisch sind und mit regionalen Zutaten gekocht werden. Jedoch finden Sie auch die Küche aus der weiten Welt mit verschiedenen Landesküchen, die Sie in Ihrer eigenen Kultur verwöhnen. Für Groß und Klein gibt es also Speisen, die Ihnen schmecken werden.

Sie werden erfahren, in welchen Bars oder Clubs Sie Ihre Abende ausklingen lassen können und auf welchen Bergen in und um Freiburg Sie die besten Wanderwege, die besten Skipisten und die beste Aussicht genießen können.

Allgemeines

Die Universitätsstadt Freiburg hat momentan ca. 226.207 Einwohner. Somit ist Freiburg die Stadt mit dem vierten Platz der Größe nach im Bundesland Baden-Württemberg, hinter Stuttgart, Karlsruhe und Mannheim. Freiburg ist im Südwesten von Deutschland die Stadt mit dem Ruf, die wärmste Stadt Deutschlands zu sein. Außerdem ist sie die südlichste Großstadt.

Die Stadt zeichnet jährlich um die drei Millionen Städtereisende auf, welche in den verschiedenen Jahreszeiten zu verzeichnen sind. Im Winter ist Freiburg mit dem gemütlichen und historischen Weihnachtsmarkt und den zahlreichen Wintersport-Möglichkeiten im näheren Umkreis auf jeden Fall einen Besuch wert, jedoch bietet Freiburg auch im Sommer zahlreiche Ausflugsziele und viele Weinanbau-Gebiete im Umkreis verrichten besonders im Herbst Aktionen und Feste, welche in jedem Fall einen Besuch wert sind.

Freiburg liegt im Dreiländereck und somit sind Frankreich und die Schweiz von hier aus gut zu erreichen. In der Region von Freiburg im Breisgau, welche von der badischen Weinstraße durchzogen wird, finden sich viele Weinanbau-Gebiete, wie zum Beispiel der Tuniberg, der Freiburger Schlossberg und das Markgräflerland.

Die Stadt Freiburg verfügt über einen Höhenunterschied von fast 1000 Metern und beheimatet mit dem 1284 Meter großen Schauinsland-Gipfel einen der größten und schönsten Berge aus dem Schwarzwald. Mit diesem herausragenden Höhenunterschied ist Freiburg einer von Deutschlands Großräumen mit dem größten Höhenunterschied innerhalb einer Stadt.

Sieben Naturschutzgebiete darf Freiburg sein Eigen nennen, darunter das Freiburger Rieselfeld und schon erwähnte Schauinsland mit umliegendem Tal am Fuße. Die Wetterlagen bieten nicht nur verschiedenen Rebsorten ein perfektes Anbaugebiet, sondern lassen des Öfteren vom Gipfel des Schauinsland bis hin zu den Vogesen und den Alpen blicken. Diese Aussicht sollten Sie sich bei gegebener Wetterlage auf keinen Fall entgehen lassen.

Im Raum Freiburg wird der alemannische Dialekt oft gesprochen. Obwohl dieser Dialekt den Namen des Volkes der Alemannen aufgreift, so kann dieser doch nicht mit den früheren Sprachformen dieser Leute verglichen werden. Die Benennung des Dialektes als westoberdeutsch ist deshalb viel angebrachter und näher an den wahren Lauten gehalten. Der Begriff wird nur in Südbaden gebraucht, in der Schweiz bezeichnen Sie ihn als „Schweizerdeutsch" und im Elsass „Elsässisch". Sie brauchen vor einer Reise in den Bereich Südbadens trotz kleiner Sprachbarrieren keine Angst zu haben, denn die Leute verstehen Hochdeutsch und lernen dies ebenfalls in der Schule, das heißt, bei den meisten Leuten brauchen Sie keine Bedenken haben und Sie werden Ihnen auch entgegenkommen und im Notfall langsamer sprechen.

Sollten Sie sich jedoch trotzdem etwas darauf vorbereiten wollen, dann hier noch ein kleiner Tipp: Viele großnamige Verlage bieten Alemannisch-Wörterbücher, in welche Sie sich vorher einlesen können und mit deren Hilfe Sie sich somit wichtige Wörter schon einmal vorab einprägen können. Der Rombach-Verlag zum Beispiel bietet eine super übersichtliche Ausgabe, die auch viele Erklärungen bietet und in kleinen Karten einzeichnet, in welchen Teilen Baden-Württembergs welche Worte des Dialekts am häufigsten benutzt werden.

Geschichte Freiburgs

Die erste Erwähnung Freiburgs ist aus einem Dokument des Jahres 1008. Der Zähringer-Herzog Berthold II. baute das Castrum de Friburch (Ruine Leopoldburg) auf dem hochgelegenen Schlossberg. 1120 erhielt sein Sohn Konrad das Markt- und Stadtrecht. Berthold V. veranlasste dann den Ausbau der inzwischen viel zu kleinen Kirche für die wachsende Einwohnerzahl auf die Größe des noch heute erhaltenen Münsters. Der Bau wurde durch die Silberminen im Schwarzwald finanziert, welche sehr zum Wohlstand der Bürger Freiburgs beitrugen. Als

die damals herrschenden Zähringer langsam ausge-
storben waren, übernahmen 1218 als ihre Nachfolger
die Grafen von Urach die Macht über Freiburg. Mit diesem Machtwechsel und den neuen Befehlsgebern hat-
ten die Bürger sehr viele Meinungsverschiedenheiten,
kauften sich dann eigenmächtig mit 15.000 Mark Silber
von dieser Macht los und gaben sich zu ihrem eigenen
Schutz dem Hause Habsburg hin. Dem Haus mussten
sie Bürger für Schlachten stellen und es sogar mit
Geldleistungen unterstützen, bis zu einer großen
Schlacht, in welcher die Schweizer über Sie siegten und
viele Adelsleute der Freiburger getötet worden sind.

Bis 1427 war Freiburg Reichsstadt. Der österreichi-
sche Erzog Albrecht stiftete 1457 Freiburg seine noch
immer berühmte Universität und legte so einen Mei-
lenstein, der Freiburg dann zur Universitätsstadt
machte. Kurz nach dem Dreißigjährigen Krieg übernahmen dann die Jesuiten Freiburg (1620). 1632 nahmen die Schweden Freiburg ein, die Stadt, die mit den
vielen, nicht lang dauernden Übernahmen sehr zu
kämpfen hatte. 1644 wurde Freiburg erneut von einer
kaiserlich-bayrischen Armee übernommen, die unter
den Generälen Franz von Mercury und Jan van Werth
stand. Darauf folgte die Schlacht bei Freiburg zwischen
den Bayern und französisch-weimarischen Truppen.

In der zweiten Hälfte des 17.Jahrhunderts kam es unter der Herrschaft von Ludwig XIV. immer wieder zu Übertritten auf rechtsrheinisches Gebiet. Nach dem holländischen Krieg musste dann der Kaiser Leopold I. 1679 die Stadt Freiburg samt Lehen sowie Betzenhausen und Kirchzarten der Krone Frankreichs zugestehen. Nachdem Sebastien Le Prestre de Vauban Freiburg zu einer hochmodernen Festung hat ausbauen wollen, besuchte der König 1681 die Freiburger, um den Baufortschritt zu begutachten und nächtigte bei dieser Dienstreise im Hotel Basler Hof. Dann musste jedoch Freiburg an die Habsburger zurückgegeben werden. Als die Franzosen Freiburg verlassen mussten, beschädigten Sie die gebaute Festung gründlich. Nur das Breisacher Tor blieb von den damaligen Vaubanschen Gebäuden erhalten.

1796 wurde Freiburg von französischen Revolutionstruppen eingenommen und nach drei Monaten aber wieder von Erzherzog Karl befreit. Der Herzog Modena verlor 1797 seine gesamten italienischen Besitzungen und erhielt 1801, also vier Jahre später, als Kompensation für seinen Verlust den Breisgau. Dieser war mit dem Tausch jedoch nicht glücklich und besuchte den Breisgau nach 1801 nicht mehr. Nach dessen Tod fiel der Breisgau an seine Tochter, die ins

Habsburger Haus eingeheiratet hatte. Diese behielt das Gebiet nur eine kurze Zeit, denn dann fiel es schon an das damalige Kurfürstentum Baden. Der Wiener Kongress bestätigte 1815 den Besitz Freiburgs dem Großherzogtum Baden.

Der Erste Weltkrieg hatte verheerende Auswirkungen auf Freiburg. Am 14. Dezember 1914 wurde es von französischen Flugzeugen bombardiert. Freiburgs Einwohner waren schockiert, als sie schon 1915 mit dem nächsten Luftangriff konfrontiert wurden. Dieser tötete sieben Kinder und einen Erwachsenen.

Dass das Elsass zu Frankreich zurückkehrte, traf die Freiburger wirtschaftlich besonders hart.

1933 kamen auch in Freiburg die Nationalsozialisten an die Macht, die Universität wurde gleichgeschaltet. 1938 litt die Synagoge von Freiburg unter Brandstiftung – in der Reichspogromnacht. Am 10. Mai 1940 wurde Freiburg fälschlicherweise Opfer eines Bombenangriffs, unter dem 57 Menschen ums Leben kamen. Die Bomben der Royal Air Force unter dem Decknamen Operation Tigerfish forderten 1944 sogar 2800 Bürgerleben. Nach diesen Angriffen blieben Freiburg nur noch die vollkommen zerstörte Altstadt und das einigermaßen wenig beschädigte Freiburger Münster. Basel spendete Freiburg 1946 Ziegel, mit denen das

Münster dann wieder fast vollkommen gedeckt werden konnte.

Der Niederschlag der Studentenunruhen von 1960 nahm auch in Freiburg seinen Lauf. Viele Freiburger beteiligten sich 1970 an der erfolgreichen Protestbewegung gegen das geplante Kernkraftwerk Wyhl. Daraufhin wurde Freiburg sehr ökologisch und viele Bürger der Stadt wandten sich der neu gegründeten Grünen Partei zu. Freiburg wurde immer fortschrittlicher und trat bei der Expo 2010 in Shanghai sogar als „Green City" auf.

Freiburg wurde durch seine sehr verkehrsgünstige Lage immer beliebter für Kongresse, Messen und Tagungen. Insbesondere die Messe Freiburg und das Konzerthaus Freiburg erlangten immer mehr Popularität.

Nachdem Freiburg 1986 Gastgeber der Landesgartenschau Baden-Württembergs wurde, entwickelten sich auch die westlichen Stadtteile weiter und es folgte die Einrichtung einer Ökostation.

1996 wurde die Einwohnerzahl von 200.000 Einwohner zum ersten Mal überschritten, von denen man in etwa 30.000 Studenten zählen kann, die an der Freiburger Uni oder an einer der mittlerweile vier weiteren Hochschulen studieren. Mittlerweile wird in Freiburg ein komplett neuer Stadtteil (Dietenbach) errichtet, um mehr Wohnraum, der in der Stadt sehr gefragt ist, zu bauen und anbieten zu können.

Stadtleben und Bewohner

Die Stadt und das Stadtleben in Freiburg sind sehr gemütlich. Kommt man aus Norddeutschland zum Beispiel nach Freiburg, müssen Sie sich erst einmal an das Klima und die Leute gewöhnen. Die meisten Leute sind gut drauf. Beim Betreten eines Ladens/Geschäfts werden Sie meistens freundlich begrüßt und oftmals gleich in ein Gespräch verwickelt, als würden Sie schon immer dazu gehören.

Freiburg ist, wie schon erwähnt, eine Universitätsstadt. Die Albert-Ludwigs-Universität wurde 1457 gegründet und ist somit eine der ältesten Universitäten, die Deutschland zu bieten hat. Sie bietet die Studiengänge Rechtswissenschaft und Medizin sowie die Bachelorstudiengänge Biologie, Psychologie und Waldwirtschaft und Umwelt.

Die Mieten und Kaufpreise von Immobilien sind in Freiburg ziemlich hoch. In naher Zukunft soll ein neues Stadtviertel (Dietenbach) Freiburgs erstellt werden und somit neuer und preiswerter Wohnraum geschaffen werden.

Die Freiburger Bürger haben eine fünfte Jahreszeit, die Fasnacht-Zeit. Mit dem „schmutzige Dunnschtig", also dem schmutzigen Donnerstag, beginnt die Hochsaison der Freiburger Fasnacht. Sie enthält Hemdglunki mit zahlreichen Hemdglunki-Umzügen, die in der Region und in der Stadt stattfinden. Außerdem die großen Fasnacht-Umzüge, welche mit riesigen selbst gebauten Wagen von den Fasnacht-Cliquen bestritten werden.

Die Cliquen haben alle ihren eigenen Namen (Beispiel: Stadt- oder Dorfname und dahinter dann Hexen, Teufel, Trolle oder Ähnliches). Sie fahren verkleidet (jede Clique im gleichen Kostüm und mit gleicher Maske, welche meist in Handarbeit aus Holz geschnitzt sind) auf ihren Wagen auf den Umzügen mit oder laufen und streuen oder bewerfen die Zuschauer mit buntem Konfetti. Die zuschauenden Kinder nehmen alle Tüten oder Beutel mit, da von den Cliquen Süßigkeiten verteilt werden (Popcorn, Lutscher usw.). Viele Kinder trauen sich wegen der manchmal gruseligen Kostüme anfangs nicht, aber nach kurzer Zeit freuen sich fast alle Kinder und können die nächsten Umzüge gar nicht mehr erwarten.

Sollten Sie Kinder haben, oder selbst gern Musik (die traditionelle Guggemusik wird auf allen Umzügen von Guggemusikern gespielt, die dort ebenfalls mitlaufen) und Süßigkeiten mögen, dann sollten Sie einen solchen Umzug einmal besucht haben.

(Bild der Freiburger Hexen, einer Narrenclique aus Freiburg)

Der Sport-Club Freiburg e. V. (abgekürzt SC Freiburg oder SCF) ist der Fußballverein der Stadt und wurde am 30. Mai 1904 gegründet. Seit der Saison 16/17 spielt er sogar wieder in der Bundesliga und hält sich dort tapfer.

Die Vereinsfarben der Freiburger Fußballer sind weiß und rot und das Wappen zeigt einen Greifenkopf. Das Heimstadion Freiburgs (Dreisamstadion) ist mit 24.000 Plätzen, wovon 14.000 Sitzplätze sind, ausreichend, jedoch ist ein Bau eines neuen Stadions in vollem Gange. Zur Saison 20/21 soll das neue Stadion fertiggestellt sein und Freiburgs Fußballherzen höherschlagen lassen. Im Bau für ca. 76 Millionen Euro sollen 34.700 Plätze vorhanden sein.

Die Freiburger sind sehr stolz auf ihre Heimmannschaft und das diese wieder ihren Platz in der Bundesliga eingenommen hat. Großteile der Freiburger Fanszene sind sogar im Dachverband der Fanclubs, der „fg" und verteilen in ihrem Block bei Heimspielen den Flyer „Fanblock aktuell", welcher über kommende fußballerische Veranstaltungen informiert.

Sehenswürdig- keiten und Attraktionen

FREIBURGER MÜNSTER

Kathedrale mit speziellem gotischem Turm. Das Münster wurde etwa von 1200 bis 1513 gebaut und vollendete die römisch-katholische Stadtkirche von Freiburg. Der Kunsthistoriker Jacob Burckhardt sagte 1869 in seiner Vortragsreihe über den 116 Meter hohen Münsterturm folgendes: „Und Freiburg wird wohl der schönste Turm auf Erden bleiben." Das Münster ist im romantischen Stil gebaut und mit seinen vielen liebevollen Details eine echte Augenweide in Freiburgs Innenstadt.

FREIBURGER BÄCHLE

Sie sind das Wahrzeichen der Stadt und verlaufen durch viele der kleinen Gassen der Freiburger Altstadt. Sie werden mit Wasser aus der Dreisam gespeist und zeichnen eine Länge von rund 15,9 Kilometern auf. Früher wurden Sie für die Bürger zusätzlich zur Wasserversorgung und leider auch Abwasserversorgung genutzt, welches heute nach vielen Säuberungen aber verboten ist. Sie sind nur noch zur Verschönerung der Stadt und für Notfälle der Feuerwehr in Nutzung, um die alten Häuser, welche oftmals denkmalgeschützt sind, schnell vor einem Feuer zu retten. Seit 2012 gibt es das Freiburger Bächleboot-Rennen, welches jedes Jahr schön anzusehen ist.

SCHLOSSBERG

Der Freiburger Schlossberg ist 455,9 Meter hoch und liegt östlich der Altstadt. Vom Schlossbergturm hat man eine grandiose Aussicht über die umliegenden Stadtteile von Freiburg. Der Burghaldenring umrundet den Schlossberg auf halber Höhe, welcher zu Fuß, mit Fahrzeugen, der seit 2008 in Betrieb genommenen Schlossbergbahn oder einem Schrägaufzug zu erreichen ist, in welchem auch Kinderwagen und Rollstühle befördert werden können. Der Aufzug bzw. die Schlossbergbahn führt unten aus dem Stadtgarten hinauf direkt zum Schlossbergrestaurant Dattler. Dessen Inhaber hat den Aufzug innerhalb von einem halben Jahr für 2,1 Millionen Euro fertigstellen lassen. Von der Bergstation (Schlossbergrestaurant) sind es ca. 15 Gehminuten zum Schlossbergturm.

MUNDENHOF

Der Mundenhof ist mit 38 Hektar das größte Tiergehege, welches Baden-Württemberg zu bieten hat. Hier leben Haus- und Nutztiere vieler Arten. Mit zwei großen Spielplätzen, einer Hofwirtschaft und Biergarten ist dies ein Ausflugstipp für die ganze Familie. Es kann gestreichelt, angeschaut, gespielt und gegessen werden. Besonders das leckere Hof-Eis ist sehr zu empfehlen.

Außerdem ist der Mundenhof ein sehr kostengünstiges Erlebnis, denn es wird pro Auto eine Parkgebühr von 5 Euro verlangt, ansonsten ist der Eintritt in den Park kostenlos. Der Mundenhof finanziert sich durch die Hofwirtschaft und durch Spendengelder, denn auch Tiere brauchen Futter, Wasser und

Angestellte, die alles sauber halten. Apropos sauber, der Mundenhof ist sehr gepflegt und schön aufgebaut. Der Streichelzoo wird die Herzen Ihrer Kinder, aber auch Ihre eigenen höherschlagen lassen. Auf der Internetseite können Sie einsehen, welche Tiere gerade Nachwuchs bekommen haben, also welche Tierbabys Sie wann bestaunen können.

TUNISEE

Der Tunisee mit seinem vielfältigen Angebot ist perfekt für Kinder und Erwachsene jeden Alters. Hier können Sie auch in der von Ihnen gewählten Form campen: Entweder Sie reisen selbst mit Wohnwagen oder Wohnmobil an, Sie mieten einen Platz zum Zelt aufschlagen oder Sie mieten eines der vorhandenen Mobilheime direkt am See.

Natürlich eignet sich der See auch für einen Tagesausflug, wofür Sie nur den Eintritt entrichten müssten. (Erwachsene 2,50 Euro und Kinder ab 6 Jahren 1,50 Euro). Der See bietet Imbisse, Kinderspielplätze und für die größeren eine Wasserski- bzw. Wakeboard-Anlage. Sollten Sie diese nutzen wollen, müssen Sie dafür nochmals extra zahlen. Der See ist von Bäumen umgeben und bietet im Sommer für die

Besucher viele schattige Plätze. Der Sandstrand ist schön zum Entspannen oder zum Sandburgen bauen.

Achtung: Das Mitbringen von Hunden ist an diesem See nicht gestattet.

MARTINSTOR

Das Martinstor (im Mittelalter noch Norsinger Tor genannt) welches sich in der Kaiser-Joseph-Straße (umgangssprachlich unter Einwohnern die Kajo) befindet, ist der älteste noch erhaltene Torturm der mittelalterlichen Stadtmauern und deren Befestigung.

Im Lauf der Zeit wurde er oft umgebaut und damals sogar zeitweise als Gefängnis genutzt, von seinen Insassen wurde gesagt, man habe ihnen „den Martinsmantel" umgehängt.

An seiner Innenseite hängt eine Gedenktafel als Erinnerung an die letzten Hexenverbrennungen von Freiburg. Das Buch „Die Hexe von Freiburg" erzählt in vielen schaurigen Details, wie die damaligen Frauen verdächtigt und als angebliche Hexen überführt wurden, bis hin zu ihrer Hinrichtung, welche nur selten ohne Folter vonstattenging. Das Buch ist sehr zu empfehlen, wenn Sie tiefer in diesen Teil der Geschichte von Freiburg eintauchen möchten. (Anbei Bild des Martinstores)

EUROPA-PARK

Eine halbe Stunde von Freiburg entfernt in Rust liegt der Europa-Park. Ein Freizeit- und Themenpark, welcher, wie der Name schon verrät, in die verschiedenen Länder Europas aufgeteilt ist. In jedem Land gibt es Fahrgeschäfte, wie zum Beispiel die Schweizer-

Bobbahn, und Spezialitäten zum Essen und Trinken aus dem jeweiligen Land. Mit rund 5,7 Millionen Besuchern im Jahr ist er der meistbesuchte Freizeitpark Deutschlands. Er bietet über 100 Fahrgeschäfte und mehrere Shows.

Die Events im Park sind sehr beliebt, wie zum Beispiel an Halloween das eigenständig vom Europa-Park produzierte Musical „Spook me!" Zum Park gehören außerdem sechs Hotels, ein Campingplatz und ein Kino. Seit Neustem gibt es unmittelbar nebenan die Wasserwelt Rulantica. Das Rulantica bietet eine riesengroße Wasserwelt mit 17 Rutschen, einem riesigen Wellenbecken und vielem mehr.

Obwohl das Rulantica und der Europa-Park eigentlich direkt nebeneinander liegen, ist für beide ein gesonderter Eintritt zu bezahlen, welcher Sie etwas tiefer ins Portemonnaie greifen lassen wird. Für einen besonderen Familienausflug, wo nicht allzu sehr aufs Geld geguckt werden muss, ist dies aber genau das richtige Ziel.

AUGUSTINERMUSEUM

Das Augustinermuseum in Freiburg gehört zu den bedeutenden Museen am Oberrhein. Mit einer Sammlung von Kunst vom Mittelalter bis hin zum Barock sowie Malerei des noch nicht so alten 19. Jahrhunderts haben Sie Ihr viel zu sehen. Es wird seit 2004 in verschiedenen Bauabschnitten saniert, um es am Leben zu halten und dieses alte Kirchgebäude wieder in einen besseren Zustand zu versetzen.

FREIBURGER MÜNSTERMARKT

Wochentags kann man auf dem großen Münstermarkt frisches Obst, Gemüse und Blumen ergattern. Die „Lange Rote", Freiburgs legendäre Bratwurst, darf hier auf keinen Fall fehlen. Der Marktbesucher erhält außerdem Tipps, wie er das Gekaufte zubereiten kann und welche Lebensmittel gut miteinander harmonieren. Diese kleinen Tipps und manchmal sogar Rezepte gibt es kostenlos dazu.

PLANETARIUM FREIBURG

Das Freiburger Planetarium lässt Sie in einem klimatisierten Kuppelsaal in die Welt der Planeten und Sterne eintauchen. Eine Vorführung im Planetarium dauert ca. 60 Minuten und kostet für einen Erwachsenen 7,50 Euro. Der Zugang ist barrierefrei, jedoch sind

Haustiere aller Art nicht gestattet. Es gibt viele verschiedene Vorstellungen, die einen Besuch wert sind, z. B. „Zeitreise – vom Urknall zum Menschen", „Der Sternenhimmel des Monats" oder „EXO – Sind wir allein im All?"

BOTANISCHER GARTEN FREIBURG

Im botanischen Garten in Freiburg werden Führungen angeboten, bei denen Ihnen die Natur und ihre Schönheit nähergebracht wird. Auch für die kleinen Besucher bietet der Garten Schatzsuchen, welche mit verschiedenen Lernspielen durchlaufen und gelöst werden können. Die Schatzsuchen sind in Altersklassen aufgeteilt, damit die Kinder ihrem Alter entsprechende Aufgaben zum Lösen und Knobeln bekommen. Der Eintritt in den botanischen Garten ohne Führung ist frei. Eine Führung kostet ansonsten für eine Familie zum Beispiel 5 Euro. Auch Freiburger Schulen machen ihre Ausflüge oftmals in den botanischen Garten und dieser bietet durch die Altersgruppierungen ein gutes Ziel hierfür. Lassen Sie sich von der Natur überraschen und besuchen Sie den schön angelegten und gepflegten Garten in Freiburg doch einfach selbst einmal.

SEEPARK BETZENHAUSEN

Der Seepark liegt im Freiburger Westen grenzend an vier Stadtgebiete: Stühlinger, Betzenhausen/Bischofslinde, Lehen und Mooswald. 1990 wurde mit einer Partnerschaft zu Matsuyama (einer Stadt in Japan) auf 3600 Quadratmetern Fläche ein Garten mit Wasserfall und schönem Bachlauf angelegt, welcher diesen See zu einem weiteren Highlight machen sollte. Heute ist die Anlage zum größten Teil noch wie damals erhalten. Das Forsthaus, das alte Tempelchen, der Aussichtsturm und die Ökostation zeigen dies auf. Hier wird alljährlich das Freiburger Seefest abgehalten, welches über die Jahre immer mehr Besucher anlockte. Es ist ein Erlebniswochenende für Jung und Alt. Auf den beiden Bühnen im Seepark treten professionelle und bekannte Bands der Region auf.

ZMF (ZELT-MUSIK-FESTIVAL)

Das ZMF findet seit 1983 in Freiburg statt. Jedes Jahr im Sommer wird es drei Wochen lang zelebriert. Es zählt regelmäßig bis zu 120.000 Besucher, welche auf verschiedenen Bühnen und in vielen Zelten Musik, Kunst, Theater, Kabarett und Sport aufführen und ihre

Künste zeigen können. Es soll das größte und älteste Musikfestival Baden-Württembergs sein, welches schon mehr als 600 Künstler beherbergt haben soll. Stars aus aller Welt führen ein Programm aus Klassik, Jazz. Rock, Pop, Weltmusik, Kleinkunst und Kinderunterhaltung vor und jedes Jahr kommen zahlreiche Neukünstler dazu. Während des Festivals haben Sie freien Zugang zum Gelände. Schon seit 2008 arbeitet das ZMF mit dem Jugend-Bildungswerk zusammen, um Newcomer zu fördern und dazuzugewinnen.

RAD-STADTTOUREN

Weil Freiburg sehr auf die Umwelt achtet, ist es eine sogenannte Fahrradstadt und bietet sogar Fahrrad-Stadttouren an. Durch viele Straßen kommt man mit dem Auto sowieso nicht und mit dem Fahrrad bieten sich viel mehr Wege und Möglichkeiten, Freiburg auf eine ganz andere Art zu erkunden. Eine Stadttour mit Guide kostet pro Person 11 Euro und beinhaltet auch für untrainierte ausreichend Pausen. Freiburg ist in den meisten Straßen mit großen Radwegen ausgestattet und somit würde Ihrer Tour nichts mehr im Wege stehen.

COLOMBISCHLÖSSLE

Das Schlössle wurde 1859 bis 1861 auf der ehemaligen Freiburger Stadtbefestigung erbaut. Hierfür wurde der gotische Stil des bekannten englischen Mittelalters gewählt, welchen Sie bis heute darin erkennen können. Der Colombipark umgibt das Gebäude mit einer Fläche von 1,25 Hektar und beherbergt viele exotische Pflanzen und Bäume sowie einen Springbrunnen und viele schattige Bänke, auf denen Sie sich von einem Rundgang durch die Stadt gut ausruhen können. Seit 2003 ist es als Kulturdenkmal ausgewiesen. Die Öffnungszeiten sind von Dienstag bis Sonntag (montags ist Ruhetag) von 10 bis 17 Uhr. Der Eintritt beträgt für Sie regulär 7 Euro, ermäßigt liegt er bei 5 Euro.

ALTE WACHE

Das Haus der hier beheimateten badischen Weine wird Alte Wache genannt, hier können Sie eine große Vielfalt der badischen Weine kennen, schmecken und lieben lernen. Baden-Württemberg ist das viertgrößte und südlichste Weinanbau-Gebiet Deutschlands. Es ist bekannt für sein breit gefächertes Angebot verschiedener Rotweinsorten, wie Trollinger, Lemberger und

Schwarzriesling. Heute sind diese Weine, die etwa zu 80 % von den Weingärtnergenossenschaften angeboten werden, immer mehr auch im Rest von Deutschland, im Handel und in der Gastronomie zu finden.

MARKTHALLE

Die Markthalle bietet etwa 22 Marktstände, welche ein Angebot aus regionalen und internationalen Speisen bereithalten. Man findet hier chinesische, italienische und orientalische Speisen. Neben den vielen Angeboten finden Sie auch badische Spezialitäten zum Kauf. Die Markthalle finden Sie mitten in der Altstadt von Freiburg.

DIE WIWILÍBRÜCKE

Die Wiwilíbrücke oder auch Blaue Brücke verbindet den bekannten Stadtteil Stühlinger mit der Freiburger Altstadt. Sie überspannt die Gleise des Freiburger Hauptbahnhofes und verbindet den weitreichenden Kirchplatz der Herz-Jesu-Kirche mit dem Konrad-Adenauer-Platz. Sie steht seit Langem unter Denkmalschutz und wird heute von bis zu 10.000 Radfahrern pro Wochentag befahren.

HISTORISCHES KAUFHAUS

Das Kaufhaus am Freiburger Münsterplatz macht durch seine rote Farbe der großen Fassade ein wunderschönes Bild. Es war das erste Kaufhaus der Stadt Freiburgs für den Warenumschlag und die Zollabwicklung. Im Innenraum befindet sich der Kaisersaal, welcher heute als Veranstaltungsort dient. Wegen seiner Stuckdecke sowie Darstellungen von habsburgischen Herrschern und Fenstermalereien ist er sehr gefragt.

ALTES RATHAUS

Es brannte im Jahr 1944 komplett aus, wurde aber mit modernen Materialien wiederaufgebaut. Heute befindet sich im Alten Rathaus die Tourist-Information.

NEUES RATHAUS

Aus Platzmangel, welcher im alten Rathaus herrschte, wurde um das Jahr 1900 die Immobilie gekauft und zum neuen Rathaus hergerichtet. Es wurde in den Stilen der Spätgotik und auch der Renaissance saniert. In den Sommermonaten finden in dem Innenhof

Theatervorführungen und sehr regelmäßig auch standesamtliche Trauungen statt.

DREISAM

Die Dreisam fließt durch Freiburg und ist bei Touristen sowie auch bei den Einwohnern sehr beliebt. Im Sommer, um die Füße im Wasser abzukühlen, und in manchen Bereichen ist der Fluss tief genug, um eine Runde zu schwimmen. An der Dreisam ist sogar das Grillen erlaubt. In Littenweiler zwischen dem Uni-Sport-Gelände und dem Stadion ist sie mit den großen Grünflächen um sich am schönsten.

MOSAIKEN

Viele Mosaiken zieren Freiburgs Gassen und kleine Nebenstraßen der Altstadt. Den meisten Bürgern fallen diese gar nicht mehr auf, aber gerade Besucher der Stadt bekommen mit ihnen etwas zu bestaunen, was es nicht überall gibt. Bei älteren Geschäften, die sich über die Zeit gehalten haben, findet man sogar das zum Laden passende Mosaik vor.

UB (UNIVERSITÄTSBIBLIOTHEK)

Zitat des Erbauers: „Die Universitätsbibliothek ist ein geschliffener Diamant". Sie bietet eine hervorragende Architektur, in welcher 1.250 Einzelarbeitsplätze und weitere 500 Arbeitsplätze im Parlatorium Platz finden, in welchem laut gelacht und diskutiert werden darf.

ABENTEUERHOF VAUBAN

Er bietet tier-, natur-, handwerk- und erlebnispädagogische Angebote für alle Altersgruppen in und um Freiburg; es liegt an der Natur im Stadtteil Vauban am Dorfbach. Das weitreichende Gelände ist mit Toiletten in geringen Abständen ausgebaut und zeichnet sich außerdem durch seine Barrierefreiheit aus (11.000 m²). Kinder, die körperliche oder geistige Behinderungen haben, sind auch herzlich willkommen und können mit oder ohne Aufsichtsperson spielen und toben, je nach Empfinden. Der Hof bietet kostenlose und kostenpflichtige Angebote für Kinder und freut sich wegen der vielen kostenlosen Angebote für die Kleinsten immer über eine Spende.

KINDER-GALAXIE

Die Kinder-Galaxie in Freiburg ist ein großer Hallenspielplatz für große und kleine Spieler. Er befindet sich in St. Georgen und bietet auf 3.500 Quadratmetern Abenteuer für Groß und Klein. Verschiedene Veranstaltungen, wie die monatliche After-Work-Party nur für Erwachsene oder Übernachtungspartys nur für Kids, sind besondere Highlights, die das große Spieleparadies bietet. Die Preise variieren nach schulfreien oder nicht schulfreien Tagen. So kostet an einem Schultag ein Familienticket 39 Euro und an einem schulfreien Tag dann 44 Euro. Kinder bis 1 Jahr zahlen noch nichts, jedoch gibt es einen abgetrennten Kleinkinder-Bereich. Kinder dürfen bis 14 Jahren nur unter Begleitung eines Erwachsenen in die Halle.

WALDTRAUT

Waldtraut ist der mit 66 Metern höchste Baum, den Deutschland zu bieten hat, und steht im Stadtwald von Freiburg. Sie sieht auf den ersten Blick rank und schlank aus, aber von Nahem erkennen Sie, dass nicht einmal vier Arme reichen, um Waldtraut vom Mühlwald zu umarmen. Sie ist 102 Jahre alt und freut sich schon darauf, von Ihnen umarmt zu werden.

GRAFFITI-HAUS WIEHRE

Der Künstler Tom Brane durfte ein Haus an der Kirchstraße in ein leuchtendes Kunstwerk verwandeln, was bei den Freiburger Bürgern zuerst auf Unmut stieß. Jetzt ist dieses Gemälde nicht mehr aus Freiburg wegzudenken und bei einem Spaziergang sicher einen Blick wert.

MILITÄR-ARCHIV

Das Militär-Archiv, welches zuerst seinen Platz in Koblenz hatte, wurde 1968 nach Freiburg verlagert. Es besteht aus einem Bürohaus und fünf Magazinhallen, außerdem enthält es ein Besucherzentrum und Werkstätten. Hier lagern unzählbare Akten, Pläne und Karten aus früheren Zeiten von militärischen Stellen. Dazu kommen Fotoalben, Feldpostbriefe und Tagebücher von Soldaten aus den letzten 150 Jahren. Außerdem liegen hier Akten der Bundeswehr, des Bundesverteidigungsministeriums, der Nationalen Volksarmee sowie von Grenztruppen der DDR.

SONNENSCHIFF SOLARSIEDLUNG FREIBURG

Diese außergewöhnliche Siedlung ist urban und in Ökobauweise gebaut. Der Gewerbeblock, genannt Sonnenschiff, liegt am Rande der Vauban. Die Siedlung ist das erste Dienstleistungszentrum, welches mehr Energie erzeugt, als es verbraucht.

HOTEL ZUM ROTEN BÄREN

Das Hotel in der Freiburger Altstadt ist kaum zu übersehen, das rote Gebäude sticht einfach hervor. Die rote Farbe, so wird gesagt, war damals, als die Betreiber noch selbst schlachteten, Ochsenblut und ein Zeichen dafür, dass die Inhaber sehr reich waren. Heute ist es mit normaler Farbe bemalt und auch die Speisekarte ist der heutigen Zeit angepasst. Trotzdem ist es immer noch eine kleine Reise ins Mittelalter.

BETONSKULPTUR HOLBEINPFERD

1936 erschuf der Bildhauer Peter Gürtner die Skulptur des Fohlens, welches seit 1950 auf einer Rasenfläche an der Güntertalstraße (Haltestelle Holbeinstraße) steht.

Seit es 1981 von zwei jungen Freiburgern als Zebra bemalt wurde, erweist sich das Pferd immer wieder, manchmal sogar mehrmals pro Woche, als Kunstobjekt und wird von unbekannten immer wieder neu bemalt. Die Anlässe sind immer verschieden, mal politisch, mal familiär, mal sportlich. Mittlerweile dürfte es über 1000 Schichten Farbe auf dem kleinen Fohlen geben.

MUSEUMS-BERGWERK SCHAUINSLAND

Bis 1954 war das Bergwerk noch in Betrieb und es wurden Zinkerze abgebaut. In den Jahrhunderten davor sogar Blei- und Silbererze. Somit wurden über 100 Kilometer lange Ganggeflechte unter der Erde von den vielen Arbeitern erschaffen. Heute bietet das Besucher-Bergwerk auf dem Schauinsland einen Einblick in die Geschichte des Schwarzwälder Bergbaus. Das Bergwerk ist sogar für Kindergeburtstage buchbar, welche dann eine Fahrt auf dem Schienenfahrrad, eine Schatzsuche und anschließendes Grillen beinhalten.

SCHNIEDERLIHOF

Im Bauernhausmuseum Schniederlihof in Hofsgrund gibt es vieles zu entdecken. Es werden Führungen durch das alte Bauernhaus angeboten, welches im Jahre 1593 erbaut wurde, und bekommt vom heutigen Besitzer erklärt, wie das Bauernleben früher war und es entführt Sie in die damalige Welt.

GANTER BRAUEREI

Das Ganter-Bier ist in Freiburg zu Hause. Die einstündige Ganter-Brau-Erlebnisführung lässt Sie in die Welt des Ganter-Bieres eintauchen und hinter die Kulissen des Bierbrauens blicken.

KEIDEL

Der Keidel, so wird Freiburgs Therme genannt. Durch den angrenzenden Mooswald können Sie umgeben von der Natur entspannen und bekommen die Kraft für Körper und Seele aufgetankt. Auf einer Wellnessfläche von über 6.000 Quadratmetern bietet die Therme genug Platz und eine schöne Atmosphäre, um sich einen Tag komplett fallen zu lassen.

FREIBURGER-
WEIHNACHTSMARKT

Er ist beliebt für seine große Auswahl an kunsthand-werklichen Erzeugnissen. Unter anderem: Designker-zen, Filzprodukte, Holzspielzeug und Weihnachtskrip-pen. Bei manchen Künstlern dürfen Sie sogar über die Schulter gucken, zum Beispiel beim Drechsler, Glasblä-ser oder dem Steinknacker. Es kann auch selbst Hand angelegt und beim Plätzchen backen mitgemacht wer-den. Neben den vielen süßen Leckereien werden aber auch herzhafte Speisen angeboten.

Abgerundet wird das weihnachtliche Fest durch die Krippe mit lebensgroßen und -echten Holzfiguren am Haupteingang der St. Martin Kirche. Am 06. Dezember hält der Nikolaus für alle strahlenden Kinderaugen ein Geschenk bereit.

BLACK FOREST CONCEPT STORE

Der Store in Freiburgs Altstadt ist der richtige Anlauf-punkt für Sie, wenn Sie leckere und handgemachte Produkte aus dem Schwarzwald kaufen wollen. Hier können Sie das Black Forest Beef Jerky kosten und na-türlich auch welches für zu Hause mitnehmen. Der

Laden bietet nur Waren an, die auch wirklich aus der Region stammen, und versucht auch, Jungunternehmer mit neuen Start-ups zu unterstützen. Beispielsweise bekommen Sie neben dem Beef Jerky: Grillsoßen, Essig, Brotaufstriche, Getränke und Spargel-Pesto.

HAUS ZUM GRÜNEN JASPIS

In einem spätmittelalterlichen Bürgerhaus aus dem 16. Jahrhundert wird die fünfte Jahreszeit (so wird hier die Fasnacht-Zeit genannt) über das ganze Jahr gefeiert. Im Fasnetsmuseum lernen Sie die Traditionen und Bräuche der Freiburger Zünfte und Cliquen kennen und hoffentlich auch lieben. Sie können Kostüme und handgemachte Masken bestaunen. Ein kleiner Tipp: „Helau" und „Alaaf" sind hier laut Brauchtumsrichtlinien strengstens verboten. Rufen Sie lieber laut „Narrinarro!"

FREIBURG ST. GEORGEN

Im Sommer kommen Sie in diesem Freibad voll auf Ihre Kosten. Auf Sie warten fast 1.200 Quadratmeter Wasserfläche, eine Breitrutsche, ein großer Liege- und

Spielbereich und außerdem ein Fußball- und Basketballplatz, für diejenigen unter Ihnen, die sich bei den Hochsommer-Temperaturen in Freiburg trotzdem noch körperlich betätigen wollen.

COMEDY-CITY-TOUR

Die Tour – Freiburg ist fett! wird von der Schwarzwald-Dragqueen Betty BBQ ausgeführt und bringt Sie mit Spaß, Humor und Witz durch Freiburg. Als waschechtes „Freiburger Bobbele" sichert sie sich mit ihrem Wortwitz und ihrem einnehmenden Charakter viele Fans unter ihren Zuschauern und lässt Sie nicht ohne einen Lacher gehen.

WASSERSCHLÖSSLE FREIBURG

Das Schlössle befindet sich in dem Sternwald, welcher oberhalb des Stadtteils Wiehre in Freiburg liegt. Seinen Namen bekam der Wasserhochbehälter zur Trinkwasserversorgung, weil seine Fassade im Stil eines Schlosses erbaut wurde. Anhand dieser Bauweise wollten die Erbauer ihre Hochachtung gegenüber dem Trinkwasser ausdrücken. Von hier aus haben Sie zudem einen tollen Blick auf das Münster und sogar auf den

Schlossberg.

TANZSPAß AM MENSABRUNNEN BZW. TANZBRUNNEN

Eine außergewöhnliche Veranstaltung findet in den warmen Monaten meist montags bis freitags ab ca. 19 Uhr im trocken gelegten Mensabrunnen, der zwischen der Mensa und der großen Unibibliothek liegt, statt. Um es kurz zu halten: Es treffen sich hier Tänzer, die professionell Tanzen, welche, die es können/lernen wollen, und welche, die es zum Spaß machen, um ausgelassen einen Abend mit Tanz zu verbringen. Die Tänzer freuen sich auf Mittänzer und Zuschauer jeden Alters.

HERDERN/KLEIN NIZZA

Dies ist ein kleines Winzerdorf, welches nordöstlich von Freiburg gelegen ist. In diesem Viertel finden Sie viele kunstvoll gebaute Jugendstilvillen, deshalb wird das Winzerdorf auch Klein Nizza genannt. An der St. Urbanskirche befindet sich der Markt, welcher von Dienstag bis Freitag seine Besucher anlockt. Wenn Sie entlang der schönen Häuser am Hang zum Rosskopf wandern, dann bietet dieser Ihnen einen wunderschönen Blick über die Stadt. Auf den Wegen sind Bänke so platziert, dass Sie bequem pausieren und den Ausblick genießen können.

Für die Wintersportler

Jetzt noch einmal die besten Skigebiete in Freiburg und Umgebung:

- <u>Kandellifte</u>: Der Berg namens Kandel ist 1248 Meter hoch und der Stadt Waldkirch angehörig. Im angrenzenden Skigebiet sind mit drei Liften schwere und leichte Abfahrten und Pisten zu finden. Der dazugehörige Kinder-Lift ist für Kinder und Anfänger geeignet, die noch nie auf Skiern oder einem Snowboard standen.

- <u>Skilifte Haldenköpfle</u>: Hier befinden sich schwere und leichte Strecken. Für alle Levels des Könnens ist hiermit eine Abfahrt zu finden. Zwei Schlepplifte befördern Sie auf die fünf unterschiedlichen Pisten. Für Langlauf-Begeisterte ist das Haldenköpfle ein beliebter Anlaufpunkt. Am Parkplatz startet die Verbindungsloipe zur Notschrei-Loipe und zur Loipe Schonach/Belchen, die ganze 100 Kilometer lang ist.

- <u>Wintersportzentrum Feldberg</u>: Der Feldberg ist mit seinen 1493 Metern der höchste Berg Deutschlands, der außerhalb der Alpen liegt, und für alle ein beliebtes Besucherziel. Er wird im Winter sowie auch im Sommer gern besucht. Der Liftverbund Feldberg ist mit seinen 14 Liftanlagen und 16 Abfahrten das größte Skigebiet innerhalb des Schwarzwaldes.

- <u>Skizentrum Thoma</u>: Das Skizentrum, welches bei Hinterzarten im Schwarzwald beheimatet ist, bietet drei Schlepplifte für tollen Familienspaß. Für jeden und für jede Altersklasse ist auf jeden Fall etwas dabei.

- <u>Skilifte Münstertal-Wieden</u>: Knapp 45 Minuten von Freiburg entfernt finden Sie diese Skilifte, die Nahe der französischen Grenze sind. Mit 6 Liften bieten sie eine

Spannbreite für verschiedene Wintersport-Levels.

- <u>Skilifte Todtnauberg</u>: Mitten im Schwarzwald liegen die Skilifte des Todtnauerberges. Fünf Schlepplifte, die ebenfalls zu dem Feldberger Liftverbund gehören, sichern Winterspaß für Jeden. Seit 2010 ist dieses Skigebiet durch den SIS (Sicherheit im Skisport) zu einem „geprüften Skigebiet" ernannt worden und somit eines der ersten Skigebiete, denen diese Ehre gebührt.

- <u>Skilifte Stollenbach</u>: Auch dieses etwas kleinere, aber wunderschöne Skigebiet gehört zum Liftverbund-Feldberg und darf auch mit der Saisonkarte befahren werden. Hinter Kirchzarten und Oberried findet man den Berg mit dem besonderen Namen „Toter Mann", an dem die Lifte vom Stollenbach zu finden sind.

- <u>Skizentrum Muggenbrunn</u>: Dieses gehört ebenfalls zum Feldberger Liftverbund und ist eines der geräumigsten Skigebiete im Schwarzwald. Für Anfänger lassen sich die Lifte in Wasen gut empfehlen. Aber auch schwierigere Abfahrten sind hier vorhanden.

- <u>Skilifte Hofsgrund</u>: Freiburgs Hausberg Schauinsland hat mit seinen 1284 Höhenmetern noch vieles mehr zu bieten als nur eine schöne Aussicht. Die Skilifte Hofsgrund gehören ebenso zum Feldberger Liftverbund und bestehen aus fünf Schleppliften, von denen zwei Kinderlifte sind. Deshalb ist dies ein ideales Ausflugsziel für Wintersport-begeisterte Familien.

- Mehliskopf: Mit dem Auto aus Freiburg sind Sie in 1,5 Fahrstunden angekommen. Die vier vorhandenen Lifte bieten reizvolle Abfahrten. Für Anfänger steht hier ein 70 Meter langer Schlepplift bereit. Für erfahrene Wintersportler kommen zwei Lifte infrage, deren Bergstationen auf über 1000 Höhenmeter anzufinden sind. Die Abfahrten weisen ein Gefälle von 36 Grad auf. Die künstliche Beschneiung der Strecken sorgt für perfekte Pistenverhältnisse. Bereits seit 1986 wird Mehliskopf von Schneekanonen beschneit, um die Anlage zu perfektionieren.

- Notschrei Skilifte: Im Südschwarzwald am Schauinsland liegen die zwei modernen Skilifte Notschrei. Die ebenfalls zum Liftverbund des Feldberges gehörenden Lifte gehören zu den Liften, die in einem schneesicheren Gebiet beheimatet. Sie haben eine Lage mit einer Höhe von 1100 – 1220 Metern und bieten eine Pistenlänge von 560 m, auf denen für jeden Wintersportler eine perfekte Abfahrt zu finden ist.

- <u>Skizirkus Unterstmatt</u>: Ein paradiesisches Gebiet für Ski- und Snowboardfahrer erwartet Sie beim Skizirkus Unterstmatt-Hochkopf. Vier Lifte auf 930 bis 1.100 Metern bieten ein uneingeschränktes Wintervergnügen.

Berge in und um Freiburg

Feldberg: Der bekannteste und zugleich höchste Berg, den Baden-Württemberg zu bieten hat, ist der Feldberg mit 1493 Metern. Bei einer Wanderung auf dem Feldberg-Steig können Sie einen Teil des Naturschutzgebietes und den Feldsee entdecken. Der Feldberg ist bekannt für Wintersportler und bildet mit den benachbarten Erhebungen Seebuck und Stübbenwasen das Feldberger Pistenskigebiet. Der Feldbergturm auf dem Seebuck ist ein bekannter Aussichtspunkt. Nach der Wanderung finden Sie im Berggasthaus Stübbenwasen regionale Spezialitäten.

- <u>Schauinsland:</u> Für einen Panoramablick auf den Feldberg und den Schwarzwald empfiehlt sich eine Tour auf dem 1284 m hohen Schauinsland. Hier können Sie mit der Schauinslandbahn den Gipfel erreichen und von hier aus eine Wanderung starten, den Schauinslandturm oder das Museumsbergwerk besuchen.

- <u>Kandel:</u> Der Kandel hat 1241 m. In der Walpurgisnacht von 1981 ist der obere Teil des Felsens, die sogenannte Teufelskanzel, abgebrochen und somit bekam der Berg den Spitznamen „Blocksberg des Schwarzwalds". Die Hexe Kandela erzählt hier ihre Geschichten, die an diesem Berg walten sollen.

- <u>Belchen</u>: Auf dem 1414 m hohen Belchen finden Sie seltene Tier- und Pflanzenarten. Der Berg ist wegen seines viel bewachsenen Gipfels zum Naturschutzgebiet ausgezeichnet worden. Bei gutem Wetter können Sie vom Gipfel bis zu den Alpen sehen. Das Gästehaus hier ist das höchstgelegene Gasthaus Baden-Württembergs. Oben mit der Belchen-Seilbahn angekommen, starten hier viele Wanderwege, wie zum Beispiel der Erlebniswanderweg Regenwurmpfad.

- <u>Herzogenhorn</u>: Das Herzogenhorn ist 1415 Meter

hoch und der Berg, der zu der Stadt Bernau gehört. Der Gipfel ist autofrei und nur zum Bewandern gedacht. Er beherbergt neben den Wanderwegen und dem schönen Ausblick das Bundesleistungszentrum, ein Trainingszentrum für Hochleistungssportler.

- Gisiboden: In der Nähe des Feldbergs finden Sie die Hochalm Gisiboden. Das von Wald umschlossene Wiesengebiet beheimatet in den warmen Monaten viele Rinder. Hier gibt es einen Premiumwanderweg (genannt Turmsteig), der um den Gisiboden führt. Auf 1200 Metern befindet sich ein Gasthof, der Berggasthof Gisiboden, in welchem Sie speisen und sogar auch Übernachten können.

- Hochfirst: Einer der schönsten Berge im Schwarzwald, aber nicht der höchste, mit 1190 Metern ist der Hochfirst. Hier können Sie den Hochfirstturm besteigen und die Aussicht genießen. Eine Rodelbahn reicht vom Gipfel bis zum Ufer des Titisees.

- Hasenhorn: Dieser ist der sogenannte Erlebnisberg unter den ganzen Bergen, die im Schwarzwald beheimatet sind. Mit einem Sessellift gelange Sie von Todtnau zum Gipfel. Zurück können Sie wandern und hinunter düsen mit dem Hasenhorn-Coaster, der längsten Rodelbahn Deutschlands. Entscheiden Sie sich jedoch für das Wandern, können Sie auf dem Zauberweg eine kleine Wichtelhütte entdecken, eine Fledermaushöhle und verschiedene Holzfiguren, die entdeckt und bestaunt werden wollen. Dieser Wanderweg und der Coaster sind perfekt für Familien mit Kindern. Egal, welchen Abgang Sie wählen, Ihre Kinder werden Freude daran finden, aber auch die Erwachsenen-Herzen lässt beides höherschlagen.

Tipps für Städtetrips

Freiburg hat ein sehr gutes Straßenbahn- und Buslinien-Netz, mit welchem Sie alle Ecken von Freiburg bequem bereisen können. Auch Bahnen und Busse in die nähere Umgebung stehen für Sie bereit. Die vielen Reiseziele im Schwarzwald sind von Freiburg aus bestens zu erreichen. Die näher gelegenen Sehenswürdigkeiten und Attraktionen können Sie auch sehr leicht mit dem Fahrrad besuchen. Freiburg ist sehr bekannt für sein Fahrradverkehrsnetz, welches 400 Kilometer umfasst. Rund 30 % der gefahrenen Wege werden in Freiburg mit dem Rad zurückgelegt.

Mit dem Auto ist die Autobahn A5 und die Bundesstraßen B30 und B31 sehr leicht zu nutzen und nicht weit entfernt. In knapp einer Stunde erreichen Sie von Freiburg aus den Euro-Airport Basel-Mulhouse-Freiburg.

UNTERKÜNFTE UND HOTELS

- Hotel Minerva: Das Hotel ist eine großartige Wahl für Touristen, welche die Stadt erkunden wollen. Es zeichnet sich vor allem durch die Nähe zu vielen Sehenswürdigkeiten und zu beliebten Restaurants aus. Es bietet außerdem ein reichhaltiges Frühstück und eine Sauna. Sollten Sie mit dem Auto anreisen, dann müssen Sie den kostenpflichtigen Parkplatz mit in Ihr Budget einplanen. Eine Übernachtung in diesem Hotel kostet ca. 131 Euro.

- Panorama Hotel: Idyllisch und mit mediterranem Flair liegt das Panorama Hotel direkt am Waldrand, wo Sie somit Ihre Ruhe genießen können. Alle Komfort- und Panoramazimmer wurden zuletzt im Frühjahr 2013 auf den neusten Stand gebracht. Jedes Zimmer verfügt über einen sonnigen Südbalkon oder -Terrasse mit Sonnenliegen sowie einer Markise. Es bietet ebenfalls ein tolles Freizeitangebot mit einem Hallen-schwimmbad, einer Sauna, Massagen, zwei Sandten-nisplätzen, Fahrradverleih sowie Wander- und Jog-gingwege. Hier stehen Ihnen kostenfreie Parkplätze für Ihren Aufenthalt zur Verfügung. Die Nacht im Pa-norama Hotel kostet ca. 100 Euro.

- Park Hotel Post: Das Hotel ist sehr familienfreundlich und bietet eine Nähe zu vielen Sehenswürdigkeiten, wie zum Beispiel dem Neuen Rathaus. Es bietet neben kostenlosem WLAN eine rund um die Uhr besetzte Re-zeption, also müssen Sie sich bei Ihrer Anreise keinen Stress machen, auch wenn Sie einmal im Stau stehen oder Ihr Zug eine Verspätung aufweisen sollte. Auch hier müssen Sie einen kostenpflichtigen Parkplatz zu dem Übernachtungspreis von 129 Euro einplanen, falls Sie mit dem Auto anreisen sollten.

- Schwarzwälder Hof Hotel: Das Schwarzwälder Hof Hotel ist eine grandiose Wahl für Reisende. Es bietet durch seinen Charme und sein Schwarzwälder Früh-stück ein schönes Ambiente. Außerdem steht auch hier ein kostenpflichtiger Parkplatz zur Verfügung und kostet pro Nacht ca. 103 Euro.

- <u>Best Western Premier Hotel Victoria:</u> Dieses Hotel bietet Ihnen einen Concierge, kostenloses WLAN, eine Minibar und eine Klimaanlage. Es bietet außerdem Frühstück und eine Sauna. Es ist ein guter Ausgangspunkt für viele Sehenswürdigkeiten und kostet ca. 111 Euro pro Nacht. Am Hotel steht für die unter Ihnen, die mit dem Auto anreisen, ein Parkplatz zur Verfügung.

- <u>Hotel Colombi:</u> Dieses schöne und luxuriöse Hotel ist eines, welches Sie in Freiburg unbedingt bei einem Städtetrip gesehen haben müssen. Es ist sehr schön eingerichtet und bietet einen Flachbildfernseher, eine Klimaanlage, eine Minibar, kostenloses WLAN, einen Concierge und einen Zimmerservice. Es ist eine gute Ausgangslage für alle Attraktionen von Freiburg. Außerdem enthält es einen Pool und ein eigenes Restaurant oder Sie nutzen den ebenfalls enthaltenen Trainingsraum, der für Sportbegeisterte sehr zu empfehlen ist. Eine Übernachtung kostet in diesem besonderen Hotel ca. 275 Euro und gehört damit zu den hochpreisigen Übernachtungsmöglichkeiten Freiburgs.

- <u>Stadthotel Freiburg:</u> Das Stadthotel weist helle, moderne Zimmer mit kostenlosem WLAN auf sowie

Restaurant, Dachterrasse, Schönheitssalon und Konferenzräumen. Dieses 3-Sterne Hotel bietet Ihrem Privatvergnügen also eine willkommene Übernachtungsmöglichkeit, aber auch geschäftlich mit dem vorhandenen Konferenzraum ist dieses Hotel sehr zu empfehlen. Auch für Tagungen sind Tagungsräume buchbar. Es bietet außerdem eine gute Lage, Sie erreichen sehr gut die öffentlichen Verkehrsmittel, einen Fitnessraum, einen guten Service und den schon genannten Salon. Hier können Sie verschiedene Zimmer mieten, die von einem normalen Hotelzimmer bis hin zu einer Suite reichen. Deshalb variieren die Preise hier stark. Der günstigste Übernachtungspreis für dieses Hotel liegt bei ca. 88 Euro. Die Preise von Tagungen und Seminarabhaltungen variieren je nach Jahreszeit (saisonal), welche Sie aber schnell im Kontaktformular des Hotels anfragen und sich ein auf Sie zugeschnittenes Angebot einholen können.

- Hotel Oberkirch: Dieses Hotel ist mit seinem romantischen Umfeld sehr beliebt, auch wegen seines Preisleistungsverhältnisses. Es bietet eine Nähe zu vielen Sehenswürdigkeiten, kostenloses WLAN, eine 24 Stunden besetzte Rezeption und eine beaufsichtigte Gepäckaufbewahrung. Auch hier steht ein kostenpflichtiger Parkplatz für Sie bereit. Das Frühstück ist bei einem Übernachtungspreis von 109 Euro inklusive.

- <u>Hostel & Spa Waldkurbad am Möslepark:</u> Dieses Hostel bietet eine gute Lage, einen Pool und kostenlose Parkplätze. Es bietet ein mobiles Sauna- und Behandlungsangebot, den „Weltenbummler DaySpa", an dem Sie auch, ohne dort zu übernachten, teilnehmen und sich verwöhnen lassen können. Eine Übernachtung würde Sie 59 Euro die Nacht kosten.

- <u>Black Forest Hostel:</u> Das Hostel ist in der Altstadt gelegen und bei Backpackern und jungen Reisenden sehr beliebt. Unterhalb des Weinbergs gelegen, können Sie neben dem rauschenden Bach hervorragend entspannen. Ein privates Einzelzimmer kostet hier zum Beispiel 55,20 Euro, ein Bett in einem 4 Betten gemischtem Schlafsaal 34,80 und in einem 6 Betten gemischtem Schlafsaal 28,80 Euro.

- <u>Camping am Möslepark:</u> Mit der verbundenen Natur und trotzdem der Nähe zu Freiburgs Altstadt ist dieser Campingplatz sehr beliebt. Er bietet ein modernes Sanitärgebäude, ein Café und täglich frisches Frühstück. Ein moderner, familiärer Campingplatz, der sehr zum

Verweilen einlädt.

- <u>Camping Tunisee:</u> Ein schöner Campingplatz am Tunisee, der Stellplätze, Mobilheime sowie ein Restaurant und Wassermassageliegen bietet. Der Campingplatz ist außerdem barrierefrei, also für jedermann super erreichbar. Für Ihr Wohlbefinden gibt es zwei große barrierefreie Sanitärgebäude, zwei Waschmaschinenräume, zwei Spülräume, zwei große Dusch- und Waschräume, Duschen mit abschließbaren Türen, WLAN auf dem Platz (gebührenpflichtig), spezieller Bereich für die Besucher unter Ihnen, die mit Hund(en) anreisen, und zwei Gasthäuser, welche saisonal bedingt geöffnet sind.

Preise pro Tag sind für einen Erwachsenen 6,50 Euro, für Kinder unter 14 Jahren 3,00 Euro, für einen Stellplatz inklusive Auto 8,00 Euro, für Strom 2,50 Euro, für einen Hund 2,00 Euro und die Müllgebühr beträgt 0,50 Euro.

Restaurants, Clubs, Bars

Zu Freiburgs Insider-Tipps gehören auch einige Informationen zur kulinarischen Seite Freiburgs, der südlichsten Großstadt Deutschlands.

Freiburg ist eine der besten Adressen und ersten Anlaufstellen, um die gute badische Küche auszuprobieren und genießen.

Damit Sie auch als Nicht-Badener eine Ahnung haben, welche regionalen Spezialitäten Sie kennen sollten, folgt hier eine kleine Auflistung über einige Gerichte und Produkte, die Sie wahrscheinlich noch nicht kennen:

- <u>Bibblekäs:</u> Bibblekäs ist ein besonders leckerer und mit Sahne, Salz und ab und zu Kräutern und Zwiebeln verfeinerter Frischkäse.

- <u>Brägele:</u> Aus rohen und geriebenen Kartoffeln oder aus Pellkartoffeln gemachte Bratkartoffeln und manchmal auch mit Schweineschmalz versetzt.

- <u>Badisches Dreierlei:</u> Bibbeleskäs, Brägele und Wurstsalat sind zusammen auf einem Teller das Badische Dreierlei.

- <u>Knöpfle:</u> Abwandlung der Spätzle, die sicherlich überall bekannt sind.

- <u>Leberle:</u> In einer Wein-Soße angerichtete Leber vom Schwein oder vom Rind, die geröstet wird.

- <u>Flädlesuppe:</u> Pfannkuchenstreifen, die in eine Fleischbrühe gelegt werden.

- <u>Kratzete:</u> Dies ist eine Art Kaiserschmarrn, nur etwas süßer und ohne Rosinen. In Freiburg wird gern Spargel dazu gegessen.

- <u>Die Lange Rote bzw. Münsterwurst:</u> Eine rote Bratwurst, die auf dem Münsterplatz sowie jedes Jahr auf dem Weihnachtsmarkt verkauft wird.

- <u>Stefans Käsekuchen:</u> Der Stand von Stefans Käsekuchen befindet sich ebenfalls auf dem Münsterplatz und zieht immer eine große Menschenmenge an, denn dieser Käsekuchen gilt als der beste der Region und wird viel gekauft.

Zu einem Besuch der „Stadt des Weines" wollen Sie sicher auch das eine oder andere Gläschen Wein genießen. Hierzu empfehlen sich die vielen Straußenwirtschaften (Gasthöfe, die saisonal bedingt geöffnet sind).

EIN PAAR DER BESTEN UND LECKERSTEN RESTAURANTS AUS FREIBURG UND UMGEBUNG

- <u>Gasthaus Goldener Anker:</u> Dieses alte Gasthaus liegt im Stadtteil Wiehre und ist eine ruhige und urige Eckkneipe. Es ist ein beliebter Treffpunkt und hier können Sie vorzüglich speisen. Hier werden Sie sicher satt hinausgehen, dies ist ein Versprechen, welches der Gastwirt gegeben hat. Bei schönem Wetter können Sie draußen unter den großen Kastanien essen und schöne Abende verbringen.

- <u>Waldrestaurant St. Valentin</u>: Erstmals in Geschichtsbüchern erwähnt wurde das heutige Ausflugslokal und Speiserestaurant im 16. Jahrhundert. 1766 wurde es neu erbaut und diente der Betreuung von Pilgern. Das heutige St. Valentin bewirtet eher weniger Pilger, sondern Gäste aller Altersstufen. Familien, Studenten und Pärchen lassen sich hier gern bewirten. Es bietet ein traditionelles Pfannkuchenessen, aber auch wechselnde saisonale Wild- und Fischgerichte. Im Sommer können Sie den Abend perfekt auf der großzügigen Terrasse genießen und von hier aus mit Fackeln wieder ins Tal spazieren. Das Restaurant liegt nur 10 Autominuten von der Stadtmitte entfernt.

- <u>Die Blume</u>: Hier werden Sie richtig verwöhnt. Dies gelingt den Gastgebern durch das Erkennen und Erfüllen Ihrer Wünsche, aufrichtige und individuelle Gastfreundlichkeit, guter und herzlichen Service, ehrliche und gute Küche zu einem guten Preis, interessante Angebote und eine zeitgemäße und angenehme

Atmosphäre.

- <u>YepaYepa</u>: Hier wird die schnelle Küche großgeschrieben. Sie erhalten innerhalb weniger Minuten qualitativ hochwertige mexikanische Gerichte. Hierzu werden Beilagen wie Avocados oder Tomatillos frisch angeboten. Die geheime Zutatenauswahl stammt aus direktem Bezug zu Mexico, denn dort sind sie auch stets vor Ort und beziehen die Produkte aus direkter Quelle. Die handgemachten Tortillas werden aus Mais, der aus der Region stammt, gefertigt. Das Fleisch wird beim ortsnahen Metzger bezogen. Es werden neben den Fleischsorten wie Rind-, Schwein- und Hühnerfleisch auch weitere Variationen aus Soja, Tofu, Seelachs oder Shrimps serviert.

- <u>Wolfshöhle</u>: Das Sternerestaurant ist für sein hohes Niveau bei jedem Gang berühmt. Hier werden Ihnen auch für Vegetarier geeignete Speisen sowie vegane und glutenfreie Speisen bereitet. Für dieses Geschmackserlebnis müssen Sie jedoch etwas tiefer in die Tasche greifen.

- <u>Magellan</u>: Im Magellan treffen Sie den Orient in Freiburg. Hier können Sie die facettenreiche Kultur Afghanistans kennenlernen. Es hat eine reichhaltige

Esskultur und hat landestypische Reisgerichte, wie Kabuli und Palau sowie handgemachte Teigspezialitäten, wie Bolanie, Aschak und Mantu auf der Speisekarte. Außerdem spielen hier die aufwendig zubereiteten Lammgerichte eine zentrale Rolle. Kardamom, Koriander, Kurkuma, Kümmel, Minze, Dill, Zimt, Nelken, Ingwer und Safran geben dieser Küche ihre besondere Note. Die typische Gastfreundlichkeit und Warmherzigkeit Afghanistans findet sich hier wieder.

- O`Kellys Irish Pub: Diese irische Bar ist für ihre guten Burger bekannt. Sie ist immer gut gefüllt und hier werden gern Fußballspiele geschaut, deshalb wird sehr auf Gemütlichkeit geachtet, damit Sie sich unter Freunden und wie in Ihrem eigenen Wohnzimmer fühlen.

- Dattler Schlossbergrestaurant: Der Blick über die Dächer Freiburgs lässt Sie die badische Küche hier noch ein wenig mehr genießen. Ein Zitat von Dr. Felix Fleischer: „Was das Münster für die Seele, ist der Dattler für die Kehle!" Ob in den schönen Räumlichkeiten oder auf der luftigen Freiterrasse – hier lässt sich jeder Urlaub super genießen. Hier werden fünf verschiedene Mittagsmenüs jeweils mit Suppe und Nachspeise zwischen 25 und 35 Euro geboten. Natürlich gibt es auch

verschiedene Speisen à la carte. Am Nachmittag können Sie einen Kaffee oder Tee zu hauseigenem Gebäck
genießen.

- Chez Eric: Berühmt ist das Chez Eric, welches im Pa-
norama Hotel Freiburg liegt, für seine Meeresfrüchte,
Hummer, Austern, Garnelen und die Jakobsmuscheln
– täglich frisch aus Paris. Erstklassige Qualität und Fri-
sche der Zutaten haben hier oberste Priorität. Alle
Speisen werden für Sie überwiegend mit saisonalen
Produkten aus der Region zubereitet. Für den kleinen
sowie für den großen Hunger werden hier spannende
Geschmackskompositionen geboten.

BARS UND CLUBS

- Juri´s Cocktail & Wine Bar: Diese Bar ist eine der be-
liebtesten in Freiburg, auch unter den Einwohnern. In
der Freiburger Altstadt findet man die Cocktail & Wine
Bar. Bei schöner Atmosphäre können Sie ausgesuchte
Getränke, darunter auch härtere Schnäpse, genießen.
Außerdem werden hier auch Tastings von Cocktails
und Gin angeboten.

- Hemingway Bar: Diese befindet sich im Best Western

Premier Hotel Victoria und bietet ausgezeichnete Drinks und eine große Bandbreite an Spirituosen. Im historischen Gewölbekeller finden Sie die besondere Smokers Lounge. Die besondere Atmosphäre des einstigen Weinlagers lädt außerdem Zigarrenliebhaber zum Verweilen ein. Zusätzlich zu Rum und Whiskey gibt es ausgesuchte Rauch- und Tabakwaren aus der Karibik und Südamerika.

- Maria Bar: Diese Bar, die eigentlich ein Restaurant ist, wandelt sich zum Abend in eine Bar, die beinahe einem Club ähnelt. Bei der täglichen Sun Set Happy Hour von 17 bis 20 Uhr, in der verschiedene Cocktails nur 4,90 Euro kosten. Freitags und samstags sowie vor Feiertagen können Sie einem Live-DJ beim Auflegen zuhören und sich in Partystimmung versetzen lassen.

- Puzzles: In der Universitätsstraße wird Ihnen im Puzzles neben leckeren Drinks ein lässiges Wohnzimmer-Ambiente geboten. Sie bietet eine recht große Tanzfläche und einen separaten Raum mit Tischkicker. Hier können Sie unter anderem zu Indie Rock, Funk, 80er, 90er und Oldschool Hip-Hop tanzen.

- Eimer: Seit 2005 können Sie im Eimer bei Rockmusik

Tischkickern oder Kartenspielen, außerdem können Sie Ihr Getränk entspannt im Biergarten genießen. Der Eimer ist ein authentisches Stück der Freiburger Kneipenszene.

- <u>Schlappen</u>: Diese Bar ist vor allem bei Studenten beliebt und kann sich mittlerweile zu Freiburgs Institutionen zählen. Sie bietet immer wieder Abwechslung durch Whiskey-Abende oder Absinth-Tastings. Sie ist ab dem Vormittag geöffnet und bietet bis 23 Uhr warme Küche.

- <u>Hackl´s Zapfbar</u>: Hier können Sie Ihr Bier sogar selbst zapfen. Wie viel Bier an jenem Abend dann geflossen ist, zeigen Monitore an, die per Ultraschall auf den Millimeter genau messen. Als Schlagerfan kommen Sie hier auf Ihre Kosten und auch Betty BBQ (siehe Freiburger Stadtführungen) ist hier oft gesehen.

- <u>Cohibar</u>: Als offizielle Sky Sports Bar ist diese Bar für Fußballfans genau der richtige Ort, um in Ruhe unter Gleichgesinnten die Spiele zu verfolgen. Bis 22 Uhr gibt es alle Drinks in der Happy Hour für 5,50 Euro und dienstags gibt es für die Ladies alle Drinks zum halben Preis.

- <u>Elizabeth:</u> Sie liegt mitten im Herzen Freiburgs und bietet eine außergewöhnliche Getränkekarte und großartige Dekorationen.

- <u>Karma Public Livingroom</u>: Hier haben Sie eine Mischung aus Club und Bar, weshalb der Einlass erst ab 21 Jahren ist. Zu Housemusic, aktuellen Charts und Elektromusik können Sie hier leckere Cocktails genießen.

- <u>Shooterstars</u>: Diese Bar ist eine Kette und deshalb auch in vielen anderen Großstädten vertreten. In der Innenstadt bekommen Sie hier Longdrinks und Montag bis Samstag Shots satt. Es gibt jeden Tag die Woche sich wiederholende Aktionen mit verschiedenen Specials.

- <u>Waldsee</u>: Abends können Sie hier auf unterschiedlichen Veranstaltungen feiern. Geboten werden verschiedene DJs und eine Cocktail-Lounge. Für Live-Musik sorgen Bands, die hier manchmal auftreten, welche Sie auf der Website einsehen können.

- <u>Jos Fritz Café</u>: Tagsüber ist es ein Café und mutiert abends zu einer tollen Bar mit super Drinks und ab und an Jazz-Abenden. An speziellen Monatstagen finden hier LGBTQ+-Abende statt.

- <u>Skajo Bar</u>: Mit einem wundervollen Blick über Freiburg können Sie hier bis spät abends die hochwertigen und hausgemachten Kreationen von Getränken genießen. Whiskey-, Rum- und Gin-Liebhaber kommen hier sehr auf Ihre Kosten.

- <u>Othello Bar</u>: Eine Cocktail-Bar, die gerade wegen Ihrer niedrigen Preise viele Azubis und Studenten anlockt. Am Wochenende legen hier verschiedene Live-DJs auf.

- <u>One Trick Pony</u>: Hier erwartet Cocktail-Liebhaber ein wahres Paradies. Es werden viele Ihnen wahrscheinlich noch völlig unbekannte und neue Kreationen angeboten, die Sie sich nicht entgehen lassen sollten.

- <u>Sonderbar</u>: Das versteckte Lokal befindet sich in einem Hinterhof, neben dem Butlers bietet neben Fassbieren ebenfalls Spirituosen und Cocktails an.

- <u>Enchilada</u>: Hier erwarten Sie mehr als 100 Cocktails und eine riesige Bandbreite an Tequila, weil die Bar sehr mexikanisch gehalten ist.

- <u>Café Atlantik</u>: Getränke zu unschlagbaren Preisen und ein abwechslungsreiches Abendprogramm erwartet Sie hier. Auf der hauseigenen Bühne stehen oft Künstler, die Ihnen die Abendstunden angenehmer machen wollen.
- <u>El Bolero</u>: Seit dem Juni 2015 können Sie in dem lateinamerikanischen Restaurant speisen und den Abend zu Latin-Musik ausklingen lassen.

- <u>Zum Alten Simon</u>: Eine typische Studentenkneipe mit frisch gezapftem Bier ist ein raucherfreundliches Lokal.

- <u>Toms Bar Café Restaurant</u>: Zu Lounge-Musik und mit tollen Cocktail-Kreationen den Abend ausklingen zu lassen, geht hier besonders gut.

- <u>Beat Bar Butzemann</u>: Zu Reggae, Elektro, Indie Punk und Rock feiern und gemütlich ein paar Bier trinken. Die Wände sind mit Comics, schwarz-weiß Fotos und Filmplakaten tapeziert und ein echter Blickfang.

- <u>Neko Bar Club</u>: Im 17. und 18. Stock des Bahnhofturms begrüßt Sie das Neko in einer atemberaubenden Kulisse und mit 360 Grad Blick über Freiburg.

- <u>Café & Reggae Bar Movie</u>: Die einzige Reggae-Bar am Schwabentor ist bekannt für den leckeren Melonenschnaps. Dresscode: Lässig!
- <u>Schachtel</u>: Hier brauchen Sie kein Glitzer und Glamour erwarten. Dafür gibt es hier tolle Beleg- und Kundschaft, die Ihnen den Abend so schön wie möglich machen wollen.

- <u>Mauritius Bar – Restaurant – Lounge</u>: Eine Bar, die im Strand-Look Ihr Urlaubsgefühl heraufbeschwören wird und Sie ganz vergessen lässt, dass Sie nicht in einer Großstadt sind, sondern es sich anfühlt, als wären Sie am Strand. Mit Schnitzeln und riesigen Pizzen werden Sie bis spät in die Nacht auch leiblich versorgt.

- <u>Café Ruef – Naherholung</u>: Hier können Sie super beim Abendessen oder bis spät in den Abend entspannen und der immer schönen Musik lauschen.

- <u>Sausalitos</u>: Neben Cocktails und Longdrinks hat die

Bar auch einen eigenen Stempel. So bekommen Sie hier auch Frozen Margaritas und vegane Cocktails.

- <u>Litfass</u>: Sie ist eine urige Blues- und Rock-Kneipe in der Moltkestraße. Jeden letzten Mittwoch im Monat können Sie hier eine Veranstaltungsreihe bewundern mit z. B. Musik, Theater oder Literatur.
- <u>Kiez 57</u>: Das rot geschmückte Lokal ist eine Rocker-kneipe mit Herz. Hier gibt es kein Essen, es wird sich aber immer gefreut, wenn ein selbst gebackener Kuchen mitgebracht wird.

- <u>Café Extrablatt</u>: Am Dreisam-Ufer können Sie hier Ihren Feierabend genießen und sich einen Wein oder einen leckeren Cocktail schmecken lassen.

- <u>Warsteiner Galerie</u>: Zu dieser Bar gibt es auch eine Besonderheit. Täglich werden hier zwischen 17.00 und 23.00 Uhr Tapas zu Ihrem leiblichen Wohl serviert, be-stehend aus kalten und warmen Speisen.

- <u>Borso:</u> Aus dem „Bettelstudenten" im Sedanviertel wurde 2011 das Borso-Institut für Straßenkultur und Trinkkultur. Es ist eine authentische Bar, die von Stra-ßenkünstlern gestaltet worden ist. Sie bietet eine kleine Essenskarte, Tischkicker und Sie können den SC Freiburg spiele ansehen.

- <u>Webers Weinstube</u>: Hier können Sie bis spät in die Nacht zusammensitzen und die leckeren badischen Weine probieren. Die Weinstube hat bis 3 Uhr nachts geöffnet und ist besonders bei den Nachtschwärmern sehr beliebt.

- <u>Walfisch</u>: Neben dem normalen Barbetrieb sind hier jede Woche Konzerte von Punk über Ska bis Metal geboten. Für Hungrige gibt es donnerstags „All You Can Eat Pfannkuchen!"

- <u>El Gallo</u>: Den Tages-Cocktail gibt es im El Gallo für nur vier Euro. Die große Auswahl bietet für Jedermann etwas Passendes. Außerdem können Sie diese Location auch für eigene Feiern und Events mieten.

- <u>Henrys Bar</u>: Die Barmeisterin dieser Bar räumte den 3. Platz der Cocktailmeisterschaft Baden-Württembergs ab. Hier können Sie sich auch individuelle Drinks mixen lassen und sich selbst kreativ austoben und durch die verschiedenen Zutaten probieren und selbst austesten, welche Sachen für Sie am besten zueinanderpassen. Vielleicht sind Sie sogar so kreativ, dass Sie einen so guten Cocktail entwerfen, dass dieser auf die Karte kommt – probieren Sie es doch einmal aus und lassen Sie im besten Fall einen Cocktail nach Ihnen benennen.

- Mudom Bar: Diese Bar darf in dieser Auflistung nicht fehlen, obwohl Sie diese kaum besuchen werden oder dürfen. Es ist nämlich eine reine Studentenbar, in einem Studentenheim, welche Sie nur mit einem Studentenausweis betreten dürfen. Jedoch ist diese Bar besonders, da sie früher einmal ein Leichenkeller gewesen sein soll.

- Irish Pub: In diesem Pub können Sie das irische Guinness-Bier genießen und ganz tolle und leckere Burger dazu bestellen. Hier gibt es den besonderen Godfather-Burger zu bestellen. Sollten Sie sich für diesen riesigen Berg von Burger entscheiden und diesen ganz verspeisen, dann gebührt Ihnen die Ehre, sich im Pub verewigen zu lassen. Für einen Touristen mit großem Hunger wäre es sicher ein cooles Urlaubserlebnis in der besuchten Stadt verwiegt zu werden und als Besucher nicht vergessen zu werden.

Freiburg ist also, wie Sie sehen einen Städtetrip wert und ich hoffe, das Geschriebene wird Ihnen helfen, schon im Voraus Ihren Trip zu planen und sich die Attraktionen herauszusuchen, die Sie auf jeden Fall besuchen wollen und die am besten zu Ihnen passen.

Unter den vielen Unterkünften werden Sie sicher fündig und verbringen Ihre Nacht/Nächte in Freiburg genau so, wie Sie sich diese vorstellen.

Jeder hungrige Magen wird hier unter der großen Auswahl aus Restaurants und Gaststätten gefüllt. Freiburg ist sehr auf Tourismus ausgelegt und ein Großteil seiner Einwohner lebt davon, welche sich freuen, neben den anderen durch Sie weiterhin überleben und bestehen zu können. Die Abendplanung ist durch die ganzen Bars und Kneipen, die Sie sich durchtesten und in denen Sie sich niederlassen können, ebenfalls gesichert.

Also packen Sie Ihre Sachen, bringen Sie Ihre Ski- oder Wanderschuhe mit und besuchen Sie die liebenswerte Stadt. (Vergessen Sie eine Kamera oder ein Smartphone mit guter Kamera nicht, denn diese schönen Ausblicke, die Ihnen geboten werden, und die schönen Stunden mit Partner, Freunden oder Familie wollen Sie sicher festhalten). Freiburg freut sich auf Ihren Besuch und darauf, Ihnen die ganze Schönheit der

Stadt zu zeigen und Ihnen zu zeigen, dass auch Sie sich in Freiburg verlieben werden.

Herstellung und Verlag:
BoD – Books on Demand, Norderstedt
ISBN: 9783755792581

© Michael Hürth 2022
1. Auflage
Kontakt: Psiana eCom UG/ Berumer Str. 44/ 26844 Jemgum
Covergestaltung: Fenna Larsson
Coverfoto: depositphotos.com